¡SIEMPRE ESTAMOS APRENDIENDO!

Estimadas Familias:

Esta guía les mostrará cómo pueden fortalecer los 15 pilares clave en su vida para involucrarse mental, física y emocionalmente en el camino de aprendizaje de sus hijos. El aprendizaje presenta desafíos y oportunidades increíbles para maestros, padres y estudiantes. Las circunstancias y los entornos de cada persona son diferentes. Sin embargo, hemos trabajado duro durante todo el año para desarrollar una extensión de un programa integral para llegar a nuestros estudiantes y a usted como padre para proporcionar las herramientas necesarias para que sus hijos se conviertan en estudiantes exitosos tanto en el salón de clases como en el hogar.

En esta guía, encontrará un espacio único con sus hijos para trabajar en sus habilidades de Lovescaping. Esta guía puede ayudarle a aprovechar al máximo su tiempo con sus hijos después de la escuela y a desarrollar una relación más cercana con ellos. Puede ayudarlos a reforzar algunos de los aspectos más prácticos del aprendizaje después de que salen de la escuela. ¡Puede considerar esta una guía para aprender, actuar y reflexionar sobre su práctica de los pilares de Lovescaping en casa!

TABLA DE CONTENIDOS

01 Maneras de Practicar la Autorregulación

03 Una Guía de Inicio Rápido para Lovescaping en el Hogar

04 Humildad

08 Empatía

12 Respeto

16 Comunicación

20 Cuidado

24 Compasión

28 Paciencia

32 Honestidad

36 Vulnerabilidad

40 Confianza

44 Solidaridad

48 Liberación

52 Gratitud

56 Perdón

60 Esperanza

AUTORREGULACIÓN
MANERAS DE PRACTICARLA

La autorregulación es la capacidad de controlar adecuadamente tu cuerpo y mente en diferentes situaciones estresantes. Es una habilidad que te permitirá aprender a regular la reacción de tu cuerpo y mente ante diferentes escenarios que involucran tu día a día con tus hijos en casa. Aprender y enseñar sobre la autorregulación requiere práctica y paciencia. El objetivo es tener la capacidad de comprender y responder apropiadamente, y esto le ayudará a alcanzar un estado de conciencia superior, una mayor concentración y un estado mental más pacífico, mientras practica los pilares descritos en esta guía.

A continuación, se muestran algunos sentimientos comunes para identificar en qué zona se encuentra:

A paso lento
- CANSADO
- ABURRIDO
- DOLIDO
- TRISTE

Buen estado
- FELIZ
- TRANQUILO
- ENFOCADO
- ORGULLOSO

Desacelera
- INQUIETO
- NERVIOSO
- CONFUNDIDO
- PREOCUPADO

Para
- FRUSTRADO
- ASUSTADO
- ENOJADO
- DETESTABLE

Cosas que puedes hacer para regular tu estado de ánimo dependiendo de la zona en la que te encuentres:

🟦 Azul
- Habla con alguien
- Estírate
- Toma un descanso mental
- Párate y muévete
- Da un paseo
- Toma agua
- Cierra tus ojos y cuenta tus respiros
- Escribe en tu diario

🟩 Verde
LA ZONA VERDE ES EL OBJETIVO

🟨 Amarillo
- Habla con alguien
- Cuenta hasta 10
- Respira profundamente
- Aprieta algo
- Dibuja una imagen
- Escucha música
- Lee un libro
- Escribe en tu diario

🟧 Rojo
- Detén lo que estás haciendo
- Respira profundamente
- Pide un descanso
- Aléjate y encuentra un lugar seguro
- Toma agua
- Conéctese con sus 5 sentidos: 5 cosas que ve, 4 cosas que siente, 3 cosas que oye, 2 cosas que huele y 1 cosa que le gusta probar.

UNA GUÍA DE INICIO RÁPIDO PARA LOVESCAPING EN EL HOGAR

Esta guía está dividida en 15 capítulos que corresponden a los 15 pilares de Lovescaping. Encontrará bajo cada "Pilar de la semana" el mismo formato y actividades para trabajar. El objetivo es que use la guía para reflexionar, practicar y solidificar lo que nuestros estudiantes están aprendiendo en la escuela con Lovescaping. ¡Recuerde hacer suya esta guía y ser creativo! Debajo de cada capítulo encontrará:

Pilar de la Semana

En esta guía, encontrará actividades para reflexionar, practicar y solidificar los 15 pilares de Lovescaping. El objetivo es que trabajes en el pilar que nuestros estudiantes están aprendiendo en la escuela.

1. Comprensión: Ser un Buen Modelo a Seguir

Reflexionar sobre su propia infancia y pensar en las cosas que le gustaría cambiar o mejorar respondiendo algunas preguntas.

2. Programa de Práctica Diaria Para la Semana

Práctica de cada pilar todos los días de la semana con sus hijos. ¡Hacer preguntas y compartir historias son dos de las mejores herramientas para aprender! Comprométase a llevar a cabo estas acciones durante la semana mientras cocina, comen juntos, maneja a la escuela, antes de irse a dormir, mientras espera en fila, etc.

3. Revisión y Meta Familiar

Solidifique su compromiso de participar en actividades familiares programando tiempo junto con sus hijos. Revise y reflexione sobre cada pilar de Lovescaping y establezca un objetivo como familia para garantizar la práctica continua.

PILAR DE LA SEMANA: HUMILDAD

Comprensión: Ser un Buen Modelo a Seguir

Humildad es comprender que no estás por encima o por debajo de los demás, ni eres mejor ni peor que los demás, sino que te ves a ti mismo como un ser humano en el mismo plano, simplemente diferente. Cuando practicamos la humildad, entendemos que no lo sabemos todo, nos abrimos al aprendizaje, admitimos nuestros errores y aceptamos a los demás. Cuando practicas la humildad, eres humilde y eres libre de orgullo o arrogancia. Un ejemplo de Humildad: *estás abierto a aprender cosas nuevas todos los días*.

Lo opuesto a la humildad es la arrogancia. Cuando eres arrogante, piensas que eres mejor que los demás, piensas que siempre tienes la razón, no te disculpas cuando cometes errores y no te abres al aprendizaje.

Reflexione sobre un momento durante su crecimiento en el que aplicó este pilar en una situación particular y cómo le hizo sentir.

- ¿Cuándo se ha sentido más humilde?
- ¿Cómo puede hacer que sea diferente o igual para sus hijos en casa?

Programa de práctica diaria de la semana

Marque la casilla junto al día de la semana cuando haya terminado

LUNES ☐

Pregunte a sus hijos: "Dime una cosa que aprendiste hoy que no sabías ayer". Cuando terminen de compartir, relaciónelo con la Humildad: "eres humilde cuando mantienes la mente abierta y aprendes cosas nuevas todos los días".

MARTES ☐

Comparte con sus hijos esta cita de Maya Angelou: "haz lo mejor que puedas hasta que sepas mejor. Luego, cuando sepas mejor, hazlo mejor". Comparta con ellos un ejemplo de su propia vida de algo que cambió después de aprender "mejor". Después de compartir su ejemplo, pregúnteles: "¿Hay algo que haya cambiado en tu vida después de aprender mejor?" Cuando terminen de compartir, relaciónelo con la Humildad: "eres humilde cuando estás constantemente tratando de mejorarte y no crees que eres perfecto".

MIÉRCOLES ☐

Pregunte a sus hijos: "¿Conocen a alguien que sea arrogante? ¿Por qué son arrogantes y cómo podrían ser más humildes?" Cuando terminen de compartir, relaciónelo con la Humildad: "la arrogancia es lo opuesto a la humildad. Cuando eres arrogante, piensas que eres mejor que los demás, piensas que siempre tienes la razón, no te disculpas cuando cometes errores y no te abres al aprendizaje".

JUEVES

Comparta con sus hijos una historia de su propia vida sobre un momento en que admitió un error y se disculpó por ello. Trate de ser lo más detallado posible y dígales cómo le hizo sentir la experiencia. Cuando termine de compartir su historia, pregunte a sus hijos: "¿Alguna vez admitiste un error y te disculpaste por ello? Cuéntame sobre eso." Una vez que todos hayan terminado de compartir, relaciónelo con la Humildad: "cuando eres humilde, admites los errores y te disculpas por ellos".

VIERNES

Pregúntele a sus hijos: "¿Qué crees que es más importante, la apariencia exterior y las posesiones materiales, o lo que hay dentro de tu corazón (cómo tratas a los demás, tu carácter, tus valores, etc.) por qué?" Después de que todos compartan, relaciónelo con la Humildad: "cuando eres humilde, reconoces que las cualidades más importantes de una persona están en su corazón, en cómo tratan a otras personas con dignidad y respeto, en cómo muestran cuidado y amabilidad, y cómo viven sus valores".

SÁBADO

Pida a sus hijos que le ayuden a cocinar y poner la mesa para la cena. Relaciónelo con la Humildad: "cuando eres humilde, te dejas a un lado para ayudar a los demás".

DOMINGO

Pregunte a sus hijos: "¿Qué meta podemos establecer como familia para practicar la humildad de manera más intencional?"

06

Revisión y Meta Familiar

Modela mientras enseñas:

- Recuerde que enseñar con el ejemplo es la mejor forma de enseñar. Modele humildad a través de sus acciones con sus hijos.
- Enséñeles a sus hijos a ser humildes recordándoles que mantengan la mente abierta, que aprendan de los demás, que reconozcan los errores y que estén libres de orgullo o arrogancia.

Revise: adquiera el hábito de preguntarles "¿Cómo crees que podemos abrirnos al aprendizaje, admitir nuestros errores y aceptar a los demás?"

Reflexione: ¿Por qué cree que es importante aprender y enseñar sobre la humildad?

Meta familiar: como familia, ¿Qué compromiso podemos hacer para vivir la Humildad de manera más intencional?

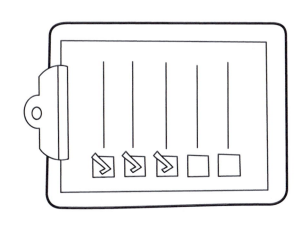

PILAR DE LA SEMANA
EMPATÍA

Comprensión: Ser un Buen Modelo a Seguir

La empatía es la capacidad de comprender y compartir los sentimientos de otra persona. Significa ponerse en el lugar de otro para entender cómo son y cómo se sienten desde su situación o perspectiva. Puede hacerse estas preguntas para trabajar y desarrollar sus habilidades de empatía: ¿Puedo identificar las emociones en los demás? ¿Qué están comunicando con sus palabras y lenguaje corporal? ¿Cómo me sentiría si fuera yo? ¿Qué puedo decir para demostrar que me preocupo? Eres empático cuando entiendes y compartes los sentimientos de otra persona. Un ejemplo de Empatía: *te imaginas cómo te sentirías si estuvieras en esa situación.*

Reflexione sobre un momento durante su crecimiento en el que aplicó este pilar en una situación particular y cómo le hizo sentir.

- ¿Cuándo se ha sentido más empático?
- ¿Cómo puede hacer que sea diferente o igual para sus hijos en casa?

Programa de práctica diaria de la semana

Marque la casilla junto al día de la semana cuando haya terminado

LUNES ☐

Pregunte a sus hijos: "¿Cómo estuvo tu día en la escuela hoy? ¿Cuál fue la parte más emocionante de tu día? ¿Cuál fue la parte más difícil de tu día?" Escuche atentamente y haga preguntas de seguimiento. Después de que terminen de compartir, relaciónelo con la Empatía: "mostramos empatía cuando preguntamos a las personas sobre su día y escuchamos atentamente sin interrumpir".

MARTES ☐

Comparta con sus hijos una historia sobre su pasado. Puede ser un recuerdo de la infancia con un abuelo, un recuerdo de cuando fuiste a la escuela, una historia sobre cómo te criaron, etc. Después de que termines de compartir, relaciónelo con la Empatía: "recuerda que todos tienen una historia y que todos tienen muchas experiencias y puntos de vista diferentes. Somos empáticos cuando escuchamos activamente las historias de los demás con el objetivo de comprender y no responder".

MIÉRCOLES ☐

Comparta con sus hijos cómo se siente hoy. Sea honesto y transparente con ellos, modelando lo que quiere que hagan. Por ejemplo: "hoy me siento estresada porque tengo mucho trabajo y no siento que tenga tiempo suficiente para terminarlo". Después de terminar de compartir, pregúnteles a sus hijos: "¿Cómo se sienten hoy y por qué?" Cuando terminen de compartir, relaciónelo con la Empatía: "cuando eres empático, prestas atención y te preocupas por los sentimientos de los demás".

JUEVES

Pregúntele a sus hijos: "¿Qué va bien en la escuela y qué te dificulta más?" Escuche sin interrumpir o intentar dar una solución de inmediato. Empatiza con ellos diciendo cosas como "eso suena muy difícil, lamento escucharlo" o "¡parece que lo estás haciendo muy bien!" o "Entiendo que es difícil, ¿hay algo que puedo hacer para ayudar?" Cuando terminen de compartir relaciónelo con la Empatía: "somos empáticos cuando nos escuchamos y tratamos de conectarnos con lo que está sintiendo la persona, sin intentar inmediatamente arreglar los problemas o dar soluciones".

VIERNES

Comparta con sus hijos sobre un momento en el que juzgó a una persona antes de ponerse en su lugar. Cuando termine de compartir relaciónelo con la Empatía: "somos empáticos cuando recordamos que cada persona tiene una historia y cada comportamiento está comunicando algo. Es importante comprender por qué una persona actúa de la manera que lo hace, no para justificar sus acciones, sino para comprenderlas".

SÁBADO

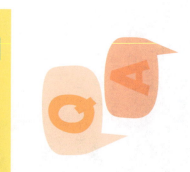

Pida a sus hijos que se imaginen lo diferente que serían sus vidas si fueran otra persona. Por ejemplo, ¿si hubieran nacido en otra época, en otro país, si fueran niña o niño, etc.? Anímalos a pensar en ideas y a intentar ponerse en el lugar de esa persona diferente. Cuando terminen de compartir relaciónelo con la Empatía: "somos empáticos cuando intentamos entender el mundo imaginando cómo nos sentiríamos si fuéramos una persona diferente".

DOMINGO

Pregunte a sus hijos: "¿Qué meta podemos establecer como familia para practicar la empatía de manera más intencional?"

Revisión y Meta Familiar

Modela mientras enseñas:

- Recuerde que enseñar con el ejemplo es la mejor forma de enseñar. Modele la empatía a través de sus acciones con sus hijos.
- Enseñe a sus hijos a ser empáticos recordándoles que presten atención a los sentimientos de los demás, muestren preocupación y escuchen profundamente lo que están diciendo sin juzgarlos.

Revise: adquiera el hábito de preguntarles "¿cómo crees que podemos identificar las emociones de los demás y comprender y compartir los sentimientos de otra persona?"

Reflexione: ¿Por qué cree que es importante aprender y enseñar sobre la empatía?

Meta familiar: como familia, ¿Qué compromiso podemos hacer para vivir la Empatía de manera más intencional?

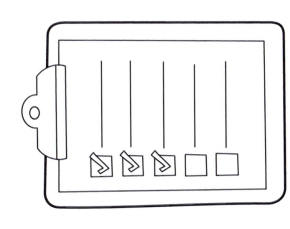

PILAR DE LA SEMANA
RESPETO

Comprensión: Ser un Buen Modelo a Seguir

El respeto es valorarnos y aceptarnos a nosotros mismos y a los demás, tratándonos unos a otros con dignidad. Respetamos cuando damos valor, escuchamos y reconocemos la voz, el punto de vista y la experiencia vivida de otra persona. Mostramos respeto con nuestras palabras, lenguaje corporal y acciones. Cuando respetamos, aceptamos a las personas por lo que son, sin juzgarlas ni intentar cambiarlas. Un ejemplo de Respeto: *escuchas a alguien cuando habla.*

Lo opuesto al respeto es la falta de respeto. Cuando eres irrespetuoso, interrumpes, haces que una persona se sienta incómoda e insegura, no escuchas las opiniones y creencias de otras personas, no esperas pacientemente tu turno y maltratas a los demás.

Reflexione sobre un momento durante su crecimiento en el que aplicó este pilar en una situación particular y cómo le hizo sentir.

- ¿Cuándo se ha sentido más respetuoso y respetado?
- ¿Cómo puede hacer que sea diferente o igual para sus hijos en casa?

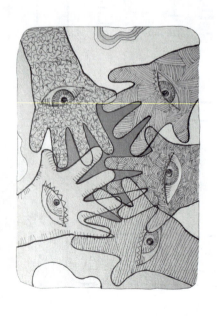

Programa de práctica diaria de la semana

> Marque la casilla junto al día de la semana cuando haya terminado

LUNES ☐

Dígales a sus hijos que quiere darles su atención y pídales a todos que guarden sus celulares (incluido el suyo, por supuesto). Apague la televisión e intente eliminar cualquier distracción. Pregúnteles a sus hijos: "¿Cómo estuvo hoy tu día? ¿Qué pasó en la escuela? ¿Qué aprendiste?" Mientras te están diciendo, haz contacto visual y demuéstrales que estás interesado en lo que están diciendo con un lenguaje corporal apropiado y sin interrumpir. Cuando terminen, cuéntales cómo fue tu día. Cuando todos hayan terminado, relaciónelo con el Respeto: "Somos respetuosos cuando nos tomamos el tiempo para escucharnos sin interrupciones y hacer contacto visual".

MARTES ☐

Pregunte a sus hijos su opinión sobre diferentes temas. Por ejemplo, "¿cómo crees que se podría mejorar tu escuela?" "¿Qué puedo hacer para mejorar nuestra relación?" "¿Qué crees que deberíamos hacer con este problema familiar?" Cuando terminen de compartir relaciónelo con el Respeto: "somos respetuosos cuando escuchamos y damos valor a las opiniones de los demás, incluso cuando no estamos de acuerdo".

MIÉRCOLES ☐

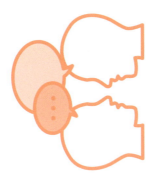

Diga por favor y gracias a sus hijos y familiares que viven en su hogar cada vez que les pida algo o hagan algo por usted. Ejemplos: "gracias por ayudarme con los platos; ¿puedes ayudarme con la compra? Por favor, baja la música, me está costando escuchar. Gracias", etc. Al final del día, relaciónelo con el Respeto recordándoles a sus hijos que decir "por favor" y "gracias" son formas muy simples e importantes de demostrar respeto y hablar de manera respetuosa.

JUEVES

Pregunte a sus hijos: "¿cómo te respetas a ti mismo?" Comparta con ellos la importancia de cuidar y respetar su cuerpo, comiendo alimentos saludables, haciendo ejercicio, no fumar, beber ni consumir drogas. También practicamos el respeto por nosotros mismos manteniéndonos fieles a nuestros valores y no cediendo a la presión de los demás.

VIERNES

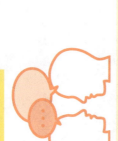

Practique el desacuerdo respetuoso con sus hijos. Dígales a sus hijos que hará un juego de roles en la que ellos necesiten estar en desacuerdo con usted de una manera respetuosa. Muéstrales primero: pídeles que digan o te pregunten algo con lo que saben que no estarás de acuerdo (por ejemplo, quedarse despierto jugando videojuegos hasta la 1 am o usar su teléfono mientras comen juntos). Use "me siento" para modelarles cómo se vería un intercambio respetuoso, por ejemplo: "Me siento triste e ignorado cuando estás hablando por teléfono mientras hablo contigo. ¿Podrías guardar tu teléfono mientras hablamos?" Relaciónelo con el Respeto: usar declaraciones que empiezan con "me siento" en vez de culpar a la otra persona es una forma respetuosa de comunicar sus deseos y necesidades.

SÁBADO

Pregunte a sus hijos: "¿Cómo se sienten cuando alguien les grita? ¿Crees que gritar es respetuoso? Dígales a sus hijos que gritar es una forma de falta de respeto. Si les grita a veces, dígales que quiere comprometerse a dejar de hacerlo cuando se enoje. Recuerde también modelar la autorregulación para ellos: respire profundamente antes de reaccionar.

DOMINGO

Pregunte a sus hijos: "¿Qué meta podemos establecer como familia para practicar el respeto de manera más intencional?"

Pregunte a sus hijos: "¿Qué meta podemos establecer como familia para practicar el respeto de manera más intencional?"

Revisión y Meta Familiar

Modela mientras enseñas:

- Recuerde que enseñar con el ejemplo es la mejor forma de enseñar. Modele el respeto a través de sus acciones con sus hijos.
- Enséñeles a sus hijos a ser respetuosos recordándoles que deben tratar a otras personas con cortesía, y eso significa no insultarlos, burlarse de ellos y / o molestarlos.

Revise: adquiera el hábito de preguntarles "¿Cómo creen que podemos valorarnos y aceptarnos a nosotros mismos y a los demás, y tratarnos unos a otros con dignidad?"

Reflexione: ¿Por qué cree que es importante aprender y enseñar sobre el respeto?

Meta familiar: como familia, ¿Qué compromiso podemos hacer para vivir el Respeto de manera más intencional?

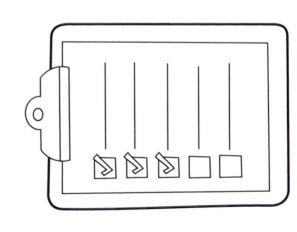

PILAR DE LA SEMANA
COMUNICACIÓN

Comprensión: Ser un Buen Modelo a Seguir

Comunicación es el proceso mediante el cual transmitimos nuestros pensamientos, sentimientos y emociones a través de diferentes medios. Nos comunicamos constantemente, intercambiamos información y nos dirigimos a los demás de manera verbal y no verbal. La comunicación es la base de cualquier relación. Nuestra capacidad para comunicarnos nos permite sobrevivir, crecer y desarrollarnos. Un ejemplo de Comunicación: *haces contacto visual cuando hablas con los demás.*

Lo opuesto a la comunicación es la falta de comunicación. Cuando no expresas tus pensamientos y sentimientos, haces suposiciones, no usas palabras para resolver conflictos, no escuchas a los demás con respeto y no haces preguntas cuando no entiendes algo.

Reflexione sobre un momento durante su crecimiento en el que aplicó este pilar en una situación particular y cómo le hizo sentir.

- ¿Cuándo se ha sentido más comunicativo?
- ¿Cómo puede hacer que sea diferente o igual para sus hijos en casa?

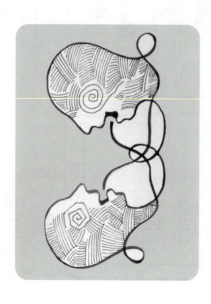

Programa de práctica diaria de la semana

Marque la casilla junto al día de la semana cuando haya terminado

LUNES ☐

Pregunte a sus hijos: "¿Cuál es tu forma preferida de comunicarte? ¿Es hablando, escribiendo, dibujando, cantando, enviando mensajes de texto …?" Comparta con ellos también su forma preferida de comunicarse. Después de que todos compartan, pregúnteles "¿cómo podemos mejorar nuestra comunicación?" Relaciónelo con la Comunicación: "La comunicación es una habilidad fundamental que todos podemos mejorar para tener mejores relaciones. Intentemos comunicarnos más entre nosotros utilizando nuestra forma preferida de comunicarnos y esforzándonos por comunicarnos de diferentes maneras".

MARTES ☐

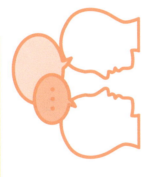

Pregunte a sus hijos: "¿Cuáles son las formas no verbales de comunicarse?" Relaciónelo con la Comunicación: nos comunicamos constantemente, con nuestro lenguaje corporal y con nuestras acciones, por lo que debemos ser conscientes de cómo nos comunicamos no verbalmente de manera respetuosa. Por ejemplo, cómo nos sentamos cuando escuchamos a alguien hablar, si hacemos contacto visual, usamos nuestros teléfonos mientras alguien nos habla, etc.

MIÉRCOLES ☐

Cuéntele a sus hijos acerca de una vez que hizo una suposición. Por ejemplo ("una vez vi a una persona y supuse que no hablaba español por su apariencia"; O "una vez supuse que rompiste el plato en la cocina porque eras el que siempre se metía en problemas , etc.") Después de que termine de compartir con ellos, pídales que le cuenten una vez que hayan hecho una suposición sobre alguien o una situación. Relaciónelo con la Comunicación: "uno de los mayores obstáculos que impacta o afecta nuestra comunicación son nuestras suposiciones. Antes de asumir algo, pregúntate "¿cómo lo sé?" Es una forma muy sencilla de mejorar la comunicación. ¡Antes de asumir, pregunta!"

JUEVES

Dígales a sus hijos que una de las habilidades de comunicación más importantes es aprender a expresar nuestras necesidades. ¡Recuérdales que no podemos asumir que la gente sabrá lo que necesitamos si nunca se lo dijimos! Dígales a sus hijos qué necesita de ellos para tener más paz en casa, por ejemplo "Necesito que me ayuden con los platos después de comer; Necesito que me ayudes a limpiar y organizar tu habitación, etc." A continuación, pregúntele a sus hijos: "¿Qué necesitan para tener más paz en casa? ¿Qué necesitas de mí, tus hermanos u otros miembros de la familia" Relaciónelo con la Comunicación: cuando expresamos nuestras necesidades, nos comunicamos con claridad y demostramos que nos importa.

VIERNES

Practica CNV (Comunicación No Violenta). Esta técnica es así: "Me siento _____ cuando _____." Por favor, necesito _____." Primero, identifica el sentimiento que te hace sentir una situación o una persona. Luego, describa la situación y, finalmente, haga su solicitud en función de lo que necesita. Por ejemplo: "Me siento ignorado cuando no me respondes. Por favor, necesito que respondas, incluso si es para decir "No tengo ganas de hablar"". Relaciónelo con la Comunicación: CNV nos ayuda a comunicarnos de manera respetuosa y afectuosa.

SÁBADO

Cuénteles a sus hijos una historia sobre su infancia. Pídeles que guarden sus teléfonos y te escuchen, mostrando respeto. Intente que la historia sea lo más detallada posible, utilizando CNV y expresando sus necesidades. Tal vez es una historia sobre una época en la que necesitabas algo pero no lo expresaste, y cómo te hizo sentir y qué sucedió. Relaciónelo con la Comunicación: "cuando nos comunicamos y compartimos nuestras historias, generamos más confianza y aprendemos a escucharnos con empatía".

DOMINGO

Pregunte a sus hijos: "¿Qué meta podemos establecer como familia para practicar la comunicación de manera más intencional?"

Revisión y Meta Familiar

Modela mientras enseñas:

- Recuerde que enseñar con el ejemplo es la mejor forma de enseñar. Modele la comunicación a través de sus acciones con sus hijos.
- Enséñeles a sus hijos a ser comunicadores eficaces recordándoles que deben pensar antes de hablar, escribir con claridad y escuchar con empatía y sin interrumpir. Expresar nuestros pensamientos, sentimientos y necesidades nos ayuda a construir relaciones más sólidas.

Revise: adquiera el hábito de preguntarles "¿Cómo crees que podemos transmitir nuestros pensamientos, sentimientos y emociones a otra persona?"

Reflexione: ¿Por qué cree que es importante aprender y enseñar sobre la comunicación?

Meta familiar: como familia, ¿Qué compromiso podemos hacer para vivir la Comunicación de manera más intencional?

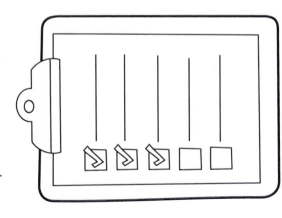

PILAR DE LA SEMANA
CUIDADO

Comprensión: Ser un Buen Modelo a Seguir

Cuidado es dar tiempo, atención y afecto a las cosas o a las personas que nos importan con amabilidad. Demostramos que nos preocupamos por los demás siendo consistentes, fiables y dignos de confianza. El regalo más preciado que podemos darle a alguien para demostrarle que nos importa es nuestro tiempo. El autocuidado es dirigir esa atención, amabilidad y afecto hacia nosotros mismos. El autocuidado es cualquier actividad que realiza para cuidar su salud mental, física y emocional. Un ejemplo de Cuidado: *pasas tiempo de calidad con las personas que amas.*

Lo opuesto al cuidado es negligencia. Cuando eres negligente, no comes alimentos saludables y no haces ejercicio con regularidad, no haces cosas que te hacen feliz y no pasas tiempo con personas que te hacen sentir bien contigo mismo.

Reflexione sobre un momento durante su crecimiento en el que aplicó este pilar en una situación particular y cómo le hizo sentir.

- ¿Cuándo se ha sentido mejor cuidado?
- ¿Cómo puede hacer que sea diferente o igual para sus hijos en casa?

Programa de práctica diaria de la semana

> Marque la casilla junto al día de la semana cuando haya terminado

LUNES ☐

Abrace a sus hijos y dígales que los ama. Relaciónelo con el Cuidado: "es importante ser tierno y cariñoso con las personas que nos importan".

MARTES ☐

Junto con sus hijos, llame a un familiar o amigo cercano que esté lejos. Relaciónelo con el Cuidado: "demostramos que nos preocupamos por nuestros seres queridos llamándolos y preocupándonos por ellos con regularidad".

MIÉRCOLES ☐

Mientras cocinas, diles a tus hijos: "esta es una forma en que demuestro cuidado hacia ti, preparando comida y comiéndola juntos". Relaciónelo con el Cuidado: "demostramos que nos preocupamos a través de nuestras acciones y del tiempo que invertimos en cuidarnos unos a otros".

JUEVES

Concéntrese en una actividad de autocuidado o cuidado personal: dígales a sus hijos que harán juntos el ejercicio de respiración cuadrada al principio y al final del día. Inhala contando hasta 4, aguanta contando hasta 4, exhala contando hasta 4 y aguanta de nuevo contando hasta 4 antes de volver a respirar. Repite por lo menos tres veces. Observe cómo se siente después de haber terminado y pida a sus hijos que le cuenten cómo se sienten. Relaciónelo con el Cuidado: "practicamos el autocuidado haciendo tiempo para nosotros mismos y cuidando nuestra salud física, mental y emocional. Es importante cuidarse comiendo sano, durmiendo y haciendo ejercicio, y realizando actividades que te ayuden a sentirte tranquilo y relajado".

VIERNES

Dígales a sus hijos que le gustaría pasar tiempo de calidad con ellos. Pregúnteles: "¿Qué es tiempo de calidad para ti? ¿Es ir a un restaurante y comer juntos en familia? ¿Dar un paseo? ¿Es sentarse en la sala y compartir sobre el día de todos?" Elija uno y llévelo a cabo hoy mismo. Relaciónelo con el Cuidado: "nuestro tiempo es nuestro recurso más valioso, y cuando se lo damos a las personas en nuestras vidas, les hacemos saber que nos preocupamos por ellos".

SÁBADO

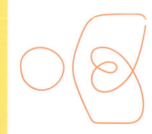

Dígales a sus hijos que llevará a cabo un acto de bondad al azar por otra persona. Piensen juntos en ideas, pero puede ser cualquier cosa tan simple como dejar ir primero a alguien que está detrás de usted en la fila, o ayudar a un vecino con sus compras, o compartir una comida con un vecino, o escribir una tarjeta y enviarla por correo a un amigo, ¡cualquier pequeño acto cuenta! Relaciónelo con el Cuidado: "cuando hacemos pequeños actos de bondad, iniciamos una cadena virtuosa que construye una comunidad y un mundo más solidario".

DOMINGO

Pregunte a sus hijos: "¿Qué meta podemos establecer como familia para practicar el cuidado de manera más intencional?"

Revisión y Meta Familiar

Modela mientras enseñas:

- Recuerde que enseñar con el ejemplo es la mejor forma de enseñar! Modele el cuidado a través de sus acciones con sus hijos.
- Enséñeles a sus hijos a cuidarse a sí mismos y a cuidar de los demás recordándoles que deben dedicar tiempo, atención y cuidar las cosas o personas que les importan con amabilidad y afecto. Y también dirigir esa atención, amabilidad y cariño hacia ellos mismos para cuidar su salud mental, física y emocional.

Revise: adquiera el hábito de preguntarles "¿Cómo crees que podemos cuidarnos mejor a nosotros mismos y a nuestros seres queridos?"

Reflexione: ¿Por qué cree que es importante aprender y enseñar sobre el cuidado?

Meta familiar: como familia, ¿Qué compromiso podemos hacer para vivir el Cuidado de manera más intencional?

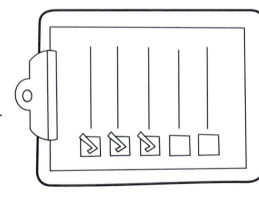

PILAR DE LA SEMANA
COMPASIÓN

Comprensión: Ser un Buen Modelo a Seguir

Compasión significa poder compartir el sufrimiento de otras personas y sentir con ellas. Ser compasivo ayuda a aliviar el sufrimiento de quienes nos rodean porque lo compartimos. Cuando somos compasivos, les hacemos saber a los demás que no están solos en su dolor, que nos preocupamos por ellos y que estamos allí para apoyarlos. La compasión es la base de la humanidad. Cuando perdemos nuestra compasión, corremos el riesgo de perder nuestra humanidad. Cuando no nos preocupamos por el sufrimiento de los demás, es fácil volvernos indiferentes y no hacer nada para ayudar a mejorar las cosas. ¡La compasión es necesaria para actuar y ayudar a sanar nuestro mundo! Un ejemplo de Compasión: escuchas a los demás cuando están pasando por un momento difícil.

Reflexione sobre un momento durante su crecimiento en el que aplicó este pilar en una situación particular y cómo le hizo sentir.

- ¿Cuándo se ha sentido más compasivo?
- ¿Cómo puede hacer que sea diferente o igual para sus hijos en casa?

Programa de práctica diaria de la semana

> Marque la casilla junto al día de la semana cuando haya terminado

LUNES ☐

Pregunte a sus hijos: "cuéntame algo que sucedió la semana pasada que te hizo sentir triste". Después de que terminen, comparte algo que también te hizo sentir triste. Relaciónelo con la Compasión: "somos compasivos cuando hacemos tiempo para compartir nuestra tristeza con los demás".

MARTES ☐

Por la mañana, diles a tus hijos que hoy deben prestar mucha atención a sus compañeros, maestros y personal de la escuela, y darse cuenta cuando alguien se siente triste. Dígales: "cuando notes que alguien esté triste, acércate y pregúntales 'hola, noté que pareces estar triste, ¿estás bien?' Escúchalos y, si comparten algo triste que está sucediendo en su vida, diles 'Siento escuchar eso. Dime si hay algo que puedo hacer para apoyarte'. Al final del día, compartan historias del día y relaciónelas con la Compasión: "somos compasivos cuando notamos que otros están tristes y actuamos, como preguntarles si están bien y hacerles saber que nos importa".

MIÉRCOLES ☐

Dígales a sus hijos que hoy van a practicar la autocompasión. Pregúnteles: "¿Alguna vez has tenido una voz en tu cabeza que te dice 'no puedes hacerlo', 'no eres lo suficientemente bueno' o 'eres un fracaso'? A esto se le llama diálogo interno negativo, y es importante que nos demos cuenta de ello para cambiarlo y hablarnos a nosotros mismos como lo haríamos con alguien a quien amamos, con amabilidad, cuidado y compasión. Practiquemos reemplazándolos con: 'Soy suficiente', 'Soy digno de amor', 'Lo intentaré de nuevo' o 'Sí, puedo'". Repítelo en voz alta con tus hijos y conviértalo en un hábito practicarlos en voz alta y animar a sus hijos a que los repitan también en su cabeza. Relaciónelo con la Autocompasión: "cuando somos autocompasivos, entendemos que no somos perfectos y nos tratamos con amabilidad y cuidado".

JUEVES

Comparta con sus hijos una historia sobre una pérdida o un duelo que haya vivido. El duelo es la profunda tristeza y el vacío que sentimos cuando perdemos a alguien que amamos. Es importante hablar con nuestros hijos sobre el duelo porque es una experiencia humana universal y todos la viviremos. Cuénteles sobre su proceso de duelo, cómo le hizo sentir y lo que recuerda de su ser querido. Si es un dolor que su hijo también comparte, invítelo a que le cuente cómo lo hizo sentir la pérdida y qué recuerdos tiene con el ser querido. Relaciónelo con la Compasión: "cuando compartimos nuestras historias de duelo, estamos practicando la compasión porque nos preocupamos por las pérdidas, el dolor y el sufrimiento de los demás".

VIERNES

Practique la compasión entendiendo nuestra humanidad común: "cerremos los ojos por un momento y pensemos en todos los seres humanos en nuestro mundo e imaginemos que estamos dirigiendo nuestro amor para aliviar su tristeza y dolor. Visualice sus pensamientos y sentimientos de amor como una fuente de luz que llega a miles de millones de personas. Respira profundamente unas cuantas veces mientras visualizas eso y, cuando estés listo, abre los ojos". Relaciónelo con la Compasión: "cuando recordamos que todos sentimos dolor y sufrimos, desarrollamos más compasión unos por otros".

SÁBADO

Dígales a sus hijos que hoy practicarán la compasión por alguien. Puede ser reconocer y saludar a una persona sin hogar en la calle, mirarla a los ojos y decirle "buenas tardes, ¿cómo está?" o ayudar a su vecino con algunas tareas del hogar, o pasar tiempo con sus parientes mayores. Cualquier acto en el que reconozcas nuestra humanidad común y eches una mano a alguien. Relaciónelo con la Compasión: "cuando nos damos cuenta de las personas en nuestro día a día y les damos una mano o un saludo amable, estamos siendo compasivos".

DOMINGO

Pregunte a sus hijos: "¿Qué meta podemos establecer como familia para practicar la compasión de manera más intencional?"

Revisión y Meta Familiar

Modela mientras enseñas:

- Recuerde que enseñar con el ejemplo es la mejor forma de enseñar. Modele la compasión a través de sus acciones con sus hijos.
- Enséñeles a sus hijos a ser compasivos recordándoles que no solo se pongan en el lugar de otra persona para comprender sus luchas y su dolor, sino que también tomen medidas para demostrar que se preocupan.

Revise: adquiera el hábito de preguntarles "¿Cómo crees que podemos abrirnos para ayudar a aliviar el sufrimiento de quienes nos rodean?"

Reflexione: ¿Por qué cree que es importante aprender y enseñar sobre la compasión?

Meta familiar: como familia, ¿Qué compromiso podemos hacer para vivir la Compasión de manera más intencional?

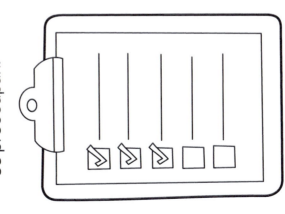

PILAR DE LA SEMANA: PACIENCIA

Comprensión: Ser un Buen Modelo a Seguir

Paciencia es dar tiempo para que las cosas sucedan y se desarrollen sin agitarnos, enojarnos o perder los estribos. La clave de la paciencia es darse cuenta de que la mayoría de las cosas importantes en este mundo requieren tiempo. Se necesita tiempo para desarrollar la confianza, aprender, comprender y, en última instancia, amar. Cuando tiene paciencia, comprende y valora el tiempo que lleva trabajar en usted mismo, en las relaciones, en el aprendizaje y el crecimiento. Un ejemplo de Paciencia: esperas tu turno para hablar.

Lo opuesto a la paciencia es la impaciencia. Cuando eres impaciente, te frustras con los demás, no tienes una buena actitud mientras esperas algo, te rindes y no vuelves a intentarlo, dejas de esforzarte por alcanzar tus metas, y no inviertes el tiempo que se necesita para aprender cosas nuevas.

Reflexione sobre un momento durante su crecimiento en el que aplicó este pilar en una situación particular y cómo le hizo sentir.

- ¿Cuándo se ha sentido más paciente?
- ¿Cómo puede hacer que sea diferente o igual para sus hijos en casa?

28

Programa de práctica diaria de la semana

> Marque la casilla junto al día de la semana cuando haya terminado

LUNES ☐

Cuéntale a tus hijos una historia sobre una vez que perdiste la paciencia. ¿Qué te hizo perderla? ¿Qué hiciste? ¿Cuál fue la consecuencia? Puede tratarse de una situación que involucra a tus hijos. Relaciónelo con la Paciencia: "todos perdemos la paciencia en algún momento. Es importante identificar las situaciones que nos alteran para que cuando estemos en ese momento, podamos recordar respirar, alejarnos, o cualquier herramienta que nos ayude a autorregularnos para responder desde un lugar de calma, tranquilidad, claridad y no desde un lugar de ira o frustración". Si tiende a perder la paciencia a menudo con sus hijos, comprométase a mostrarles cómo se autorregula cuando empiece a alterarse.

MARTES ☐

Pregúntele a sus hijos: "¿Qué te hace perder la paciencia?" Pídales que sean específicos al describir exactamente qué les hace perder el control y qué sienten también en su cuerpo. "¿Cómo reaccionas cuando pierdes la paciencia?" Después de que terminen de compartir, pregúnteles: "¿Qué podrías hacer de manera diferente ahora que tienes más herramientas para manejar tus emociones y autorregularte? ¿Qué podrías hacer en ese momento en el que sientes que estás a punto de perder la paciencia?" Repase con ellos las herramientas de autorregulación y relaciónelo con la Paciencia: "cuando tienes paciencia, es menos probable que pierdas el control de tus emociones".

MIÉRCOLES ☐

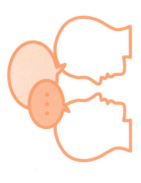

Dígales a sus hijos que se turnarán para responder la siguiente pregunta: "¿Qué es lo que necesitan de cada miembro de la familia para mejorar su relación?" No se permiten interrupciones, comentarios o preguntas mientras alguien está compartiendo. Cada miembro de la familia responde a la pregunta y todos los demás deben escuchar. Relaciónelo con la Paciencia: "somos pacientes cuando escuchamos a los demás cuando hablan sin interrupciones y esperamos nuestro turno para hablar".

JUEVES ☐

Dígales a sus hijos que practicarán la paciencia esperando intencionalmente un minuto antes de comer. En lugar de comenzar a comer inmediatamente cuando tenga un plato de comida frente a usted, espere un minuto entero. Relaciónelo con la Paciencia: "Obligarse intencionalmente a esperar algo que deseas tener AHORA es una buena práctica para convertirte en una persona más paciente".

VIERNES ☐

Dígales a sus hijos que podemos aprender a tener paciencia de la naturaleza. Junto con sus hijos, cultive su propia planta de frijoles en casa para demostrar. Coloque bolas de algodón en un frasco de vidrio y pegue un frijol a cada lado del frasco para que pueda ver crecer 2 a la vez. Riéguelo hasta que el algodón esté húmedo pero no empapado, y coloque el frasco en una ventana. Míralo brotar y crecer durante las próximas dos semanas. Relacione esto con la Paciencia: "Las cosas toman tiempo y hay un momento para todo en la vida. Al igual que la planta de frijol, no solo brota en un segundo, se necesita tiempo para que crezca y se desarrolle. El mismo concepto se aplica a tu vida. Necesitas invertir el tiempo necesario para aprender y crecer y necesitas ser paciente contigo mismo. La paciencia vale la pena. La paciencia te enseña perseverancia".

SÁBADO ☐

Pida a sus hijos que le ayuden con las tareas de la casa. Esto puede ser cocinar, lavar la ropa, doblar la ropa, limpiar, etc. Relaciónelo con la Paciencia: "hacer las tareas del hogar y ayudar a los demás te enseña a ser paciente".

DOMINGO ☐

Pregunte a sus hijos: "¿Qué meta podemos establecer como familia para practicar la paciencia de manera más intencional?"

Revisión y Meta Familiar

Modela mientras enseñas:

- Recuerde que enseñar con el ejemplo es la mejor forma de enseñar. Modele la paciencia a través de sus acciones con sus hijos.
- Enséñeles a sus hijos a ser pacientes recordándoles que deben tener la habilidad de permitir que pase el tiempo necesario para que las cosas se desarrollen y empiecen a seguir su curso, sin agitarse, enojarse o perder la paciencia. La paciencia está muy ligada al tiempo, al reconocimiento de que las cosas que son importantes en este mundo requieren tiempo.

Revise: adquiera el hábito de preguntarles "¿Cómo crees que podemos dar tiempo a que las cosas sucedan y se desarrollen sin perder la paciencia?

Reflexione: ¿Por qué cree que es importante aprender y enseñar sobre la paciencia?

Meta familiar: como familia, ¿Qué compromiso podemos hacer para vivir la Paciencia de manera más intencional?

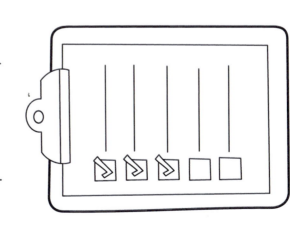

PILAR DE LA SEMANA
HONESTIDAD

Comprensión: Ser un Buen Modelo a Seguir

Honestidad es ser sincero, abierto y transparente. Honestidad significa decir nuestra verdad a los demás, expresar nuestros sentimientos, emociones, miedos, sueños, dudas y experiencias. La honestidad nos permite construir relaciones auténticas basadas en nuestro verdadero yo. Ser honestos puede ser muy difícil; incluso puede doler a veces, pero es necesario para construir una relación sólida basada en la confianza. Ejemplo de Honestidad: *compartes cómo te sientes y lo que realmente piensas.*

Lo opuesto a la honestidad es la deshonestidad. Cuando eres deshonesto, no dices la verdad, no te comportas con integridad, no buscas ayuda cuando lo necesitas, no asumes la responsabilidad de tus acciones y no cumples tus promesas y compromisos.

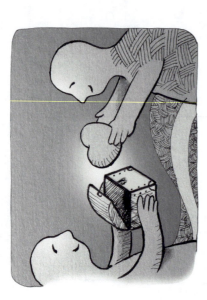

Reflexione sobre un momento durante su crecimiento en el que aplicó este pilar en una situación particular y cómo le hizo sentir.

- ¿Cuándo se ha sentido más honesto?
- ¿Cómo puede hacer que sea diferente o igual para sus hijos en casa?

Programa de práctica diaria de la semana

> Marque la casilla junto al día de la semana cuando haya terminado

LUNES ☐

Comparta con sus hijos una historia sobre cuando eras joven y dijiste una mentira. ¿Qué sucedió? ¿Por qué mentiste? Es importante que sus hijos comprendan que todos mentimos, y desde muy pequeños aprendemos a mentir para protegernos porque no queremos meternos en problemas o para proteger a alguien que nos importa. Relaciónelo con la Honestidad: "ser conscientes de que todos mentimos y evaluarnos a nosotros mismos es un paso necesario para ser más honestos".

MARTES ☐

Dígales a sus hijos: "Quiero que seamos más honestos entre nosotros sobre nuestros sentimientos y sobre lo que sucede en nuestras vidas. Quiero que todos compartamos una situación que no hemos compartido antes, puede ser algo que sucedió recientemente en la escuela o en casa, y cómo te hizo sentir. No habrá juicio". Modele para ellos y vaya primero, esto puede ser algo que le sucedió en el trabajo, o incluso con uno de sus hijos o un miembro de la familia. Asegúrate de decirles cómo te hizo sentir. Después de que todos compartan, agradézcales por su honestidad. Relaciónelo con la Honestidad: "cuando compartimos más partes de nuestra vida con personas en las que confiamos, nos volvemos más honestos en nuestras relaciones".

MIÉRCOLES ☐

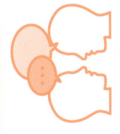

Modele honestidad para sus hijos. Sea sincero con ellos cuando les dé explicaciones de sus decisiones. Por ejemplo, si no quiere que sus hijos tengan un teléfono porque cree que todavía no están preparados, en lugar de inventar otra razón para no darles un teléfono como 'No tengo dinero', sea honesto con ellos y dígales: 'Me preocupo por ti y tu bienestar, y no creo que sea apropiado para tu desarrollo tener un teléfono todavía. Cuando sea el momento adecuado, te conseguiré un teléfono". Relaciónelo con la Honestidad: "cuando inventamos otras razones (distintas de la verdad) para nuestras acciones, generamos desconfianza en nuestras relaciones. Cuando somos honestos unos con otros, generamos más confianza".

JUEVES

Elogie a sus hijos por ser honestos. Pídales que le cuenten cómo fue su día en la escuela. Anímelos a que compartan con usted lo que salió bien y lo que no, y cómo se sintieron en todo momento. Cuando te den una respuesta honesta, agradéceles: "Aprecio que me digas la verdad y seas honesto, sé que no siempre es fácil". Relaciónelo con la Honestidad: "Ser honesto es valiente".

VIERNES

Pregúntele a sus hijos: "¿Cuándo fue la última vez que me mentiste o a un amigo porque no querías herir mis / sus sentimientos?" Dígales que comprendes la intención detrás de no querer herir los sentimientos de las personas, pero que las relaciones auténticas, verdaderas y confiables solo pueden crecer y desarrollarse cuando somos honestos. Hay formas de expresar la verdad de una manera amable. Relaciónelo con la Honestidad: "ser honesto con nuestros amigos y familiares, incluso en las situaciones más simples y pequeñas, genera confianza".

SÁBADO

Dígales a sus hijos: "Tu honestidad significa mucho para mí. Siempre estaré aquí para escucharte y apoyarte, incluso si es algo de lo que no te sientes muy orgulloso o de lo que te arrepientes". Recuérdele a sus hijos la importancia de ser honesto modelando usted mismo. Incluso si lo que comparten le molesta, respire hondo antes de reaccionar y responda desde la calma. Si sus hijos ven que usted se enoja y "pierde el control" cuando son honestos con usted, es posible que ya no se sientan cómodos siendo honestos.

DOMINGO

Pregunte a sus hijos: "¿Qué meta podemos establecer como familia para practicar la honestidad de manera más intencional?"

Revisión y Meta Familiar

Modela mientras enseñas:

- Recuerde que enseñar con el ejemplo es la mejor forma de enseñar. Modele la honestidad a través de sus acciones con sus hijos.
- Enséñeles a sus hijos a ser honestos recordándoles que sean sinceros, abiertos y transparentes. Ser honestos con nuestros sentimientos, emociones, miedos, sueños, dudas y vivencias puede resultar difícil e incluso dar miedo en ocasiones, pero es un pilar necesario para construir relaciones sólidas y auténticas.

Revise: adquiera el hábito de preguntarles "¿Cómo crees que podemos ser sinceros, abiertos y transparentes para construir relaciones auténticas y sólidas?"

Reflexione: ¿Por qué cree que es importante aprender y enseñar sobre la honestidad?

Meta familiar: como familia, ¿Qué compromiso podemos hacer para vivir la Honestidad de manera más intencional?

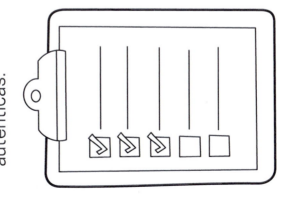

PILAR DE LA SEMANA
VULNERABILIDAD

Comprensión: Ser un Buen Modelo a Seguir

Vulnerabilidad es incertidumbre, riesgo y exposición emocional. Cuando somos vulnerables, abrimos nuestro corazón y mostramos nuestro verdadero yo. La vulnerabilidad es valiente, y cuando aprendemos a ser vulnerables unos con otros, desarrollamos honestidad, confianza y construimos relaciones más sólidas. Un ejemplo de Vulnerabilidad: *expresas y compartes todos tus sentimientos.*

Ser resguardado es lo contrario de la vulnerabilidad. Cuando eres resguardado, no compartes tu dolor e inseguridades, no corres riesgos, no te sientes bien con la incertidumbre, no crees que expresar todas tus emociones es valiente, no entiendes que nadie es perfecto, y no te abres sobre las cosas que temes.

Reflexione sobre un momento durante su crecimiento en el que aplicó este pilar en una situación particular y cómo le hizo sentir.

- ¿Cuándo se ha sentido más vulnerable?
- ¿Cómo puede hacer que sea diferente o igual para sus hijos en casa?

Programa de práctica diaria de la semana

Marque la casilla junto al día de la semana cuando haya terminado

LUNES ☐

Comparta con sus hijos algunos de sus miedos o inseguridades (algo que es apropiado para la edad, por supuesto). Puede ser algo como "Me siento avergonzada cuando hablo inglés porque no es mi primer idioma y tengo acento", o "Cuando me pongo nervioso, sudo mucho y me da vergüenza" o "Tengo miedo de la oscuridad", etc. Relaciónelo con la Vulnerabilidad:" cuando compartimos nuestros miedos e inseguridades con nuestros seres queridos, estamos siendo vulnerables".

MARTES ☐

Comparta con sus hijos una historia sobre un momento en el que se arriesgó en su vida. Esto puede ser cualquier cosa, desde acercarse a alguien que te atrajo, dejar tu país de origen, hacer un viaje, cambiar de trabajo … Lo que te darás cuenta es que todo en la vida implica algún tipo de riesgo y lo que quieres comunicar a tus hijos es que tomar riesgos es el núcleo de la vulnerabilidad, por lo que cada vez que te arriesgas, estás siendo vulnerable, seas consciente de ello o no. Relaciónelo con la Vulnerabilidad: "Cuando te arriesgas, eres vulnerable".

MIÉRCOLES ☐

Pregúntales a tus hijos: "¿Qué te asusta? ¿De qué te sientes inseguro? "Dado que ya compartiste con ellos algo de lo que temes / te sientes inseguro, es de esperar que estén dispuestos a compartir contigo. Reconoce su miedo / inseguridad y no intente descartarlo o "arreglarlo". Agradézcales por compartir, dígales "gracias por compartir eso conmigo, eres muy valiente por compartir tu miedo / inseguridad". Relaciónelo con la Vulnerabilidad: "somos vulnerables cuando somos lo suficientemente valientes como para compartir las cosas en la vida que nos hacen sentir inseguros o temerosos".

JUEVES

Comparta con sus hijos sobre una ocasión en la que alguien amó a quien ama hizo o dijo algo que le hizo daño. ¿Qué sucedió? ¿Cómo reaccionaste? ¿Qué hiciste / dijiste? Dígales: "A veces, sin querer, herimos los sentimientos de las personas que amamos. Es importante que seamos capaces de reconocer las palabras o acciones que nos hieren para poder comunicarlo a nuestros seres queridos y evitar que vuelva a suceder". Relaciónelo con la Vulnerabilidad: "cuando eres vulnerable, eres honesto y comunicas las acciones o palabras que te hieren".

VIERNES

Pregúntele a sus hijos: "¿Crees que es difícil o fácil abrir tu corazón y exponer todas tus emociones? ¿Es más fácil hacerlo con algunas personas? ¿Por qué, cuándo y cómo? Tenga una conversación sobre esto y dígales a sus hijos que ser vulnerable no es fácil, al contrario, ¡es difícil! Siempre hay un riesgo, pero es un riesgo que vale la pena correr con las personas que amas y por las que te preocupas porque solo profundizará y fortalecerá la relación. Relaciónelo con la Vulnerabilidad: "cuando eres vulnerable, decides correr el riesgo de abrirte y compartir más de ti mismo con los demás".

SÁBADO

Pregúntele a sus hijos: "¿Qué emoción sueles esconder o tratar de ocultar? Por ejemplo, a veces, tal vez te sientes asustado, pero finges ser fuerte y seguro". Comparta con ellos un ejemplo personal. Después de que todos compartan, pregunte "¿por qué creen que hacemos eso? ¿Por qué crees que a veces ocultamos nuestros verdaderos sentimientos y mostramos uno diferente al mundo?" Dígales que todos hacemos esto y que es completamente normal. Lo que tenemos que darnos cuenta es que cuanto más sinceros somos al expresar todos nuestros sentimientos, más vulnerables nos volvemos y más auténticos. Relaciónelo con la Vulnerabilidad: "cuando eres vulnerable, no escondes lo que realmente sientes. Esto crea más honestidad y más confianza en las relaciones."

DOMINGO

Pregunte a sus hijos: "¿Qué meta podemos establecer como familia para practicar la vulnerabilidad de manera más intencional?"

Revisión y Meta Familiar

Modela mientras enseñas:

- Recuerde que enseñar con el ejemplo es la mejor forma de enseñar. Modele la vulnerabilidad a través de sus acciones con sus hijos.
- Enséñeles a sus hijos a ser vulnerables recordándoles que sean valientes, que abran sus corazones y se muestren unos a otros porque así es como desarrollamos la honestidad, la confianza y construimos relaciones más sólidas.

Revise: adquiera el hábito de preguntarles "¿cómo crees que podemos ser sinceros, abiertos y transparentes para construir relaciones auténticas y sólidas? ¿Cómo crees que podemos abrir nuestro corazón y mostrar nuestro verdadero yo a los demás?"

Reflexione: ¿Por qué cree que es importante aprender y enseñar sobre la vulnerabilidad?

Meta familiar: como familia, ¿Qué compromiso podemos hacer para vivir la Vulnerabilidad de manera más intencional?

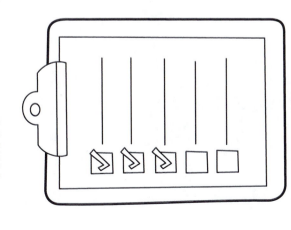

PILAR DE LA SEMANA: CONFIANZA

Comprensión: Ser un Buen Modelo a Seguir

Confianza es la capacidad de creer sinceramente en alguien o en algo. Requiere que seamos vulnerables y honestos y que dejemos ir el miedo. Desarrollar la confianza lleva tiempo. La confianza es la consecuencia de ser honesto, cariñoso, vulnerable y comunicativo. Un ejemplo de Confianza: *cumples tus promesas.*

Lo opuesto a la confianza es la desconfianza. Cuando eres desconfiable, no eres confiable, no cumples con tus compromisos, cedes a la presión de tus compañeros, no eres honesto, no tienes integridad y no eres consistente.

Reflexione sobre un momento durante su crecimiento en el que aplicó este pilar en una situación particular y cómo le hizo sentir.

- ¿Cuándo se ha sentido más confiable?
- ¿Cómo puede hacer que sea diferente o igual para sus hijos en casa?

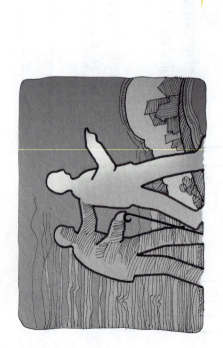

Programa de práctica diaria de la semana

> Marque la casilla junto al día de la semana cuando haya terminado

LUNES ☐

Pregunte a sus hijos: "¿cómo sabes cuándo puedes confiar en alguien? ¿Qué hacen o cómo actúan para que sepas que son dignos de confianza?" Comparta con ellos lo que piensa. Relaciónelo con la Confianza: "La confianza se gana, y generalmente es el resultado de que alguien sea confiable, consistente, honesto, vulnerable, comunicativo, empático, compasivo y afectuoso (¡todos los pilares que hemos practicado hasta ahora!)".

MARTES ☐

Comparta con sus hijos una historia sobre una ocasión en la que confió en alguien y ellos rompieron esa confianza. ¿Qué sucedió? ¿Cómo te hizo sentir? Pídale a sus hijos que compartan con usted si han tenido una experiencia similar. Relaciónelo con la Confianza: "Cuando la confianza se rompe, es muy difícil de reparar. Es uno de los pilares más difíciles de reconstruir porque es muy doloroso y difícil confiar en alguien que te ha traicionado nuevamente. Sin embargo, no es imposible, y si el perdón real ocurre y la persona trabaja duro para ganarse esa confianza nuevamente (siendo confiable, consistente, honesto, vulnerable, comunicativo, empático, compasivo y cariñoso), entonces es posible reconstruirla.

MIÉRCOLES ☐

Dígales a sus hijos que desea fortalecer la confianza con ellos. Pídales que hagan algo por usted hoy, puede ser cualquier cosa, desde hacer una tarea de la casa, ayudar con sus hermanos pequeños, llegar a tiempo, cualquier cosa que implique que cumplan su palabra y cumplan con su compromiso.

JUEVES

Dígales a sus hijos que ahora es su turno: quiere que le pidan que haga algo que implique que usted tenga que cumplir su palabra o comprometerse. Puedes preguntarles: "¿Qué te gustaría que hiciera por ti?" Asegúrese de que sea algo realista y posible. Al final del día, relaciónelo con la Confianza: "generamos confianza en nuestras relaciones cuando nos comprometemos y cumplimos con nuestra palabra".

VIERNES

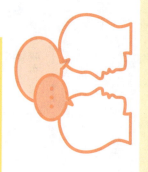

Dígales a sus hijos algo que nunca antes les haya dicho. Tal vez sea algo difícil, o algo especial, pero algo que normalmente solo compartes con personas en las que confías. Asegúrese de que sea apropiado para su edad y dígales: "Voy a compartir con ustedes algo que nunca les he dicho antes". Cuando termine, recuérdeles que les está confiando esta información y que desea que la guarden para sí mismos. Relaciónelo con la Confianza: "cuando nos abrimos y nos volvemos más honestos y vulnerables, generamos confianza".

SÁBADO

Dígales a sus hijos que debido a que la confianza es algo que se gana y se construye con el tiempo, no pueden confiar en cualquier persona. Especialmente debemos tener cuidado cuando estamos en línea, por Internet. No damos nuestra información a extraños y tenemos cuidado con la cantidad de información que publicamos sobre nosotros mismos. Relaciónelo con la Confianza: "La confianza es algo que damos y recibimos cuando hemos demostrado a través de nuestras acciones que somos honestos, confiables y consistentes. Necesitamos mantenernos seguros, cuidadosos y vigilantes, especialmente en las redes sociales e Internet en general, y solo debemos confiar en las personas que nos han demostrado que son dignas de confianza".

DOMINGO

Pregunte a sus hijos: "¿Qué meta podemos establecer como familia para practicar la confianza de manera más intencional?"

Revisión y Meta Familiar

Modela mientras enseñas:

- Recuerde que enseñar con el ejemplo es la mejor forma de enseñar. Modele la confianza a través de sus acciones con sus hijos.
- Enseñe a sus hijos a ser dignos de confianza recordándoles que desarrollar la confianza lleva tiempo, requiere que seamos vulnerables y honestos y que dejemos de lado el miedo, y ese es el resultado de ser honestos, solidarios, vulnerables y comunicativos.

Revise: adquiera el hábito de preguntarles "¿Cómo crees que podemos desarrollar la capacidad de creer sinceramente en alguien o en algo?"

Reflexione: ¿Por qué cree que es importante aprender y enseñar sobre la confianza?

Meta familiar: como familia, ¿Qué compromiso podemos hacer para vivir la Confianza de manera más intencional?

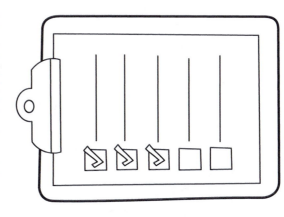

PILAR DE LA SEMANA: SOLIDARIDAD

Comprensión: Ser un Buen Modelo a Seguir

Solidaridad es preocuparse por el bienestar de los demás y unirse para lograr un objetivo común. Eres solidario cuando das tu tiempo, apoyo y cuidado a los demás. Cuando somos solidarios, apoyamos una causa aunque no nos afecte directamente. La solidaridad consiste en darnos cuenta de que todos estamos interconectados, por lo que nos mantenemos unidos y apoyamos el bienestar y la liberación de los demás. Un ejemplo de Solidaridad: *te preocupas por los demás.*

Lo opuesto a la solidaridad es la apatía. Cuando eres apático, no te das cuenta o no te importa las personas que afrontan dificultades, no apoyas a los grupos de los que no eres parte, no te ofreces como voluntario ni das tu tiempo para ayudar, y no usas tu voz para brindar apoyo o asistencia a las personas que lo necesiten.

Reflexione sobre un momento durante su crecimiento en el que aplicó este pilar en una situación particular y cómo le hizo sentir.

- ¿Cuándo se ha sentido más solidario?
- ¿Cómo puede hacer que sea diferente o igual para sus hijos en casa?

Programa de práctica diaria de la semana

Marque la casilla junto al día de la semana cuando haya terminado

LUNES ☐

Comparta con sus hijos una historia sobre alguna vez que fuiste solidario (cuando practicaste la solidaridad). Puede ser cualquier cosa, desde ayudar a una persona necesitada, hasta ofrecerse como voluntario para ayudar a alguien en su comunidad, apoyar a un grupo del que no forma parte, etc. Relaciónelo con la Solidaridad: "cuando te preocupas por el bienestar de los demás y ayudas y apoyas, estás siendo solidario".

MARTES ☐

Pregúntele a sus hijos: "¿Qué causas sociales te importan? ¿Te preocupas por la pobreza, la falta de vivienda, el racismo, el cambio climático, la desigualdad, los derechos LGBTQ +, los derechos de los animales, etc.?" Pídales que compartan con usted por qué se preocupan por la causa que eligen y qué pueden hacer para apoyarla. Relaciónelo con la Solidaridad: "cuando te preocupas por el bienestar de los demás y por los derechos de todas las personas, incluso si no eres parte de un grupo o comunidad en particular, estás siendo solidario".

MIÉRCOLES ☐

Pregúntele a sus hijos: "¿Pueden pensar en un momento en el que alguien les mostró solidaridad o en un momento en que lo necesitaban pero no lo obtuvieron? ¿Cuándo fue? ¿Qué sucedió? ¿Cómo te hizo sentir?" Después de que compartan, dígales: "todos necesitamos ayuda y apoyo a lo largo de nuestra vida, y por eso la solidaridad es tan importante, porque todos podemos estar ahí para apoyarnos cuando lo necesitemos". Relaciónelo con la Solidaridad: "si todos en el mundo practicaran la solidaridad, siempre encontraríamos ayuda y apoyo cuando lo necesitáramos".

JUEVES

Por la mañana antes de que vayan a la escuela, dígales a sus hijos: "podemos hacer pequeños actos de solidaridad todos los días. Acciones simples como estar ahí para nuestros amigos, practicar la empatía y la compasión, defender lo que es correcto en la escuela, ayudar a un compañero de clase que está batallando con algo, te hacen solidario. Comprométete a practicar un pequeño acto hoy en la escuela y compártelo conmigo al final del día". Recuerda preguntarles al final del día qué hicieron y cómo se sintieron cuando lo llevaron a cabo. Relaciónelo con la Solidaridad: "cuando somos amables, serviciales y actuamos para ayudar a los demás en nuestro día a día, estamos siendo solidarios".

VIERNES

Pregunte a sus hijos: "¿cómo puedo ser más solidario con ustedes?" Dígales que quiere hacer un esfuerzo para mostrarles su cuidado y apoyo cuando lo necesiten. Cuando te lo hagan saber, haz el compromiso de seguir adelante y mostrarles más solidaridad. Relaciónelo con la Solidaridad: "cuando preguntamos a las personas en nuestras vidas cómo podemos apoyarlas o ayudarlas, estamos siendo solidarios".

SÁBADO

Dígales a sus hijos que van a hacer un acto solidario en familia. Discutan juntos lo que pueden hacer, pregúnteles: "¿Qué acto de solidaridad les gustaría que lleváramos a cabo juntos?" Si están teniendo dificultades para pensar en ideas, deles algunas, puede ser firmar una petición en change.org para apoyar una causa que les importa, o publicar un mensaje educativo en línea sobre la causa que les importa para educar a otros, o preparar una comida y dársela a una persona sin hogar, o inscribirse como voluntario durante el fin de semana para ayudar a una organización comunitaria, o salir a la comunidad y recoger la basura en el vecindario, etc. Cualquier actividad que involucre el bienestar de los demás y hacer un acto de servicio. Relaciónelo con la Solidaridad: "cuando hacemos un acto de servicio y mostramos cariño, empatía y compasión hacia los demás, estamos siendo solidarios".

DOMINGO

Pregunte a sus hijos: "¿Qué meta podemos establecer como familia para practicar la solidaridad de manera más intencional?"

Revisión y Meta Familiar

Modela mientras enseñas:

- Recuerde que enseñar con el ejemplo es la mejor forma de enseñar. Modele la solidaridad a través de sus acciones con sus hijos.
- Enséñeles a sus hijos a ser solidarios recordándoles que se preocupen por el bienestar de los demás y se unan para lograr un objetivo común. Se trata de darnos cuenta de que todos estamos interconectados, por lo que nos mantenemos unidos y apoyamos el bienestar y la liberación de los demás.

Revise: adquiera el hábito de preguntarles "¿Cómo crees que podemos preocuparnos por el bienestar de los demás y unirnos para lograr un objetivo común?"

Reflexione: ¿Por qué cree que es importante aprender y enseñar sobre la solidaridad?

Meta familiar: como familia, ¿Qué compromiso podemos hacer para vivir la Solidaridad de manera más intencional?

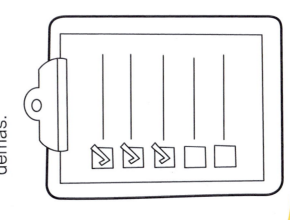

PILAR DE LA SEMANA
LIBERACIÓN

Comprensión: Ser un Buen Modelo a Seguir

La liberación es el acto de liberar. El amor es liberador lo que significa que libera y no ata. Practicamos la liberación a través de nuestras acciones de amor, porque aprendemos a respetar la humanidad de los demás. El acto de amar es un acto de libertad, porque no tiene fronteras, no oprime ni discrimina. El amor confía y libera a las personas que amamos. En la práctica del amor, respetamos la individualidad y la libertad de cada ser humano y aprendemos que nuestra liberación está ligada a la de los demás. Nuestra liberación viene con una gran responsabilidad de practicarla junto con los otros pilares de Lovescaping para que no la usemos indebidamente para dañar a otros. Un ejemplo de Liberación: eres *libre de ser tú mismo sin pretender ser otra persona.*

Reflexione sobre un momento durante su crecimiento en el que aplicó este pilar en una situación particular y cómo le hizo sentir.

- ¿Cuándo se ha sentido más liberado?
- ¿Cómo puede hacer que sea diferente o igual para sus hijos en casa?

Programa de práctica diaria de la semana

> Marque la casilla junto al día de la semana cuando haya terminado

LUNES ☐

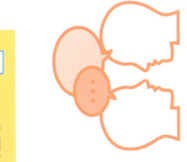

Pregunte a sus hijos: "¿qué te hace sentir libre?" Comparte con ellos también lo que te hace sentir libre y relaciónelo con la Liberación: "cuando practicamos la liberación, queremos que las personas que amamos sean libres".

MARTES ☐

Pregúntele a sus hijos: "¿Crees que es justo que algunas personas sean tratadas de manera diferente debido a su raza, género, religión, altura, peso, idioma u otros? ¿Por qué o por qué no?" Después de que compartan, dígales que, lamentablemente, muchas personas son discriminadas. La discriminación es el acto de hacer distinciones injustificadas entre seres humanos en función de los grupos, clases u otras categorías a las que pertenecen o se percibe que pertenecen. Las personas pueden ser discriminadas por motivos de raza, género, edad, religión u orientación sexual, así como por otras categorías. Relaciónelo con la Liberación: "cuando practicamos la liberación, creemos que todo ser humano merece ser tratado con justicia y luchamos para acabar con la discriminación en el mundo".

MIÉRCOLES ☐

Comparta con sus hijos sobre un momento en el que haya vivido alguna forma de racismo, discriminación o sobre un momento en el que se burlaron de usted, lo acosaron o lo trataron injustamente por ser quien es. El racismo es discriminación contra un grupo racial en particular. Cuando termine de compartir, pregúnteles: "¿Alguna vez has sido discriminado, sufrido racismo o sido objeto de burlas por quien eres? ¿Qué sucedió? ¿Cómo te hizo sentir?" Reconozca las experiencias de sus hijos y afirme lo doloroso que es. Relaciónelo con la Liberación: "cuando practicamos la liberación, respetamos la individualidad de cada ser humano y no aceptamos ninguna forma de racismo, discriminación, acoso o acto de violencia hacia las personas".

JUEVES

Dígales a sus hijos que quiere que sean y se sientan libres, que se expresen plenamente sin miedo a lo que piensen los demás. Tienen derecho a ser auténticos y genuinos, y pueden ser quienes quieran ser en la vida. Es importante recordar que tenemos el derecho a ser libres y la responsabilidad de asegurarnos de que nuestra libertad no dañe a los demás. Cuando practicamos los pilares de Lovescaping, nos aseguraremos de que cuando seamos libres, los demás también lo sean. Relaciónelo con la Liberación: "el acto de amar es un acto de liberación: cuando amamos, queremos que todos sean libres y no usamos nuestra liberación para dañar a otros".

VIERNES

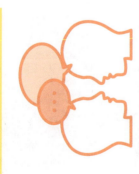

Pregúntele a sus hijos: "¿Qué harías si vieras que alguien está siendo acosado?" Si es en la escuela, tienen la responsabilidad de informar a un maestro, consejero o director. A veces, no es posible intervenir físicamente, especialmente si no es seguro. Pero siempre podemos brindar empatía, cuidado y compasión a la víctima, y hablar si es seguro, diciendo algo como "oye, eso no está bien. ¡Para!" Tan simple como suena, puede marcar la diferencia. Mucha gente se sale con la suya debido a nuestro silencio. Relaciónelo con la Liberación: "practicamos la liberación cuando hablamos en contra de la injusticia".

SÁBADO

Dígales a sus hijos que cuando aman a alguien, quieren que esa persona sea plena y auténtica y que sea libre. Cuando amas a alguien, no eres celoso ni posesivo porque confías en él y lo respetas. Por eso el amor libera, no ata ni sujeta, no trata de controlar, empodera y deja ser. Relaciónelo con la Liberación: "cuando amas, liberas".

DOMINGO

Pregunte a sus hijos: "¿Qué meta podemos establecer como familia para practicar la liberación de manera más intencional?"

Revisión y Meta Familiar

Modela mientras enseñas:

- Recuerde que enseñar con el ejemplo es la mejor forma de enseñar. Modele sus acciones con sus hijos.
- Enséñeles a sus hijos a liberarse recordándoles que el acto de amar es un acto de libertad, porque no tiene fronteras, no oprime ni discrimina. Y conlleva una gran responsabilidad practicarlo junto con los otros pilares de Lovescaping para que no lo usemos incorrectamente para dañar a otros.

Revise: adquiera el hábito de preguntarles "¿Cómo crees que podemos respetar la individualidad y la libertad de cada ser humano?"

Reflexione: ¿Por qué cree que es importante aprender y enseñar sobre la liberación?

Meta familiar: como familia, ¿Qué compromiso podemos hacer para vivir la Liberación de manera más intencional?

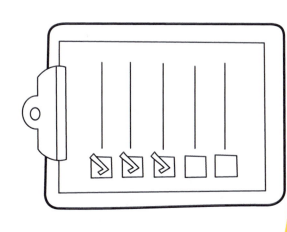

PILAR DE LA SEMANA: GRATITUD

Comprensión: Ser un Buen Modelo a Seguir

La gratitud es un sentido de agradecimiento o aprecio por lo bueno en nuestras vidas. Estar agradecido significa reconocer las acciones de otras personas con amabilidad, sentir aprecio y agradecimiento por lo que somos, por lo que hacemos, por lo que recibimos y por lo que tenemos. Cuando comenzamos a reconocer todos los actos de bondad que nos rodean y a participar activamente en recordarnos todo aquello por lo que podemos estar agradecidos, comenzamos a cultivar el aprecio por nuestras vidas, por todas las cosas simples que a menudo damos por sentado. Un ejemplo de Gratitud: *buscas lo bueno en tu vida*.

Lo opuesto a la gratitud es la ingratitud. Cuando eres ingrato, no expresas gratitud con regularidad a las personas en tu vida y no notas todas las cosas en tu vida por las que puedes estar agradecido.

Reflexione sobre un momento durante su crecimiento en el que aplicó este pilar en una situación particular y cómo le hizo sentir.

- ¿Cuándo se ha sentido más agradecido?
- ¿Cómo puede hacer que sea diferente o igual para sus hijos en casa?

Programa de práctica diaria de la semana

> Marque la casilla junto al día de la semana cuando haya terminado

LUNES ☐

Dígales a sus hijos que está agradecido por su existencia: "¡Estoy agradecido de que existes! Estoy agradecida de tenerte en mi vida". Relaciónelo con la Gratitud: "cuando les decimos a las personas que amamos que estamos agradecidos por ellos, nos volvemos más felices y agradecidos por lo bueno en nuestras vidas".

MARTES ☐

Comparta con sus hijos algo que da / ha dado por sentado o por hecho (cuando damos las cosas por hecho, significa que no las apreciamos). Por ejemplo, puede ser tener la capacidad de caminar, ver o hablar, estar saludable o tener agua, etc. Después de compartir, pídales que compartan lo que dan por sentado. Relaciónelo con la Gratitud: "cuando nos damos cuenta de todas las cosas que damos por sentado en nuestra vida y comenzamos a apreciarlas, nos volvemos más felices y disfrutamos más de la vida".

MIÉRCOLES ☐

Dígales a sus hijos por la mañana: "hoy, traten de dar las gracias a las personas a las que no suelen agradecer en su vida. Por ejemplo, puede ser tu maestro, el conductor del autobús, los trabajadores de la cafetería de la escuela, tus amigos ... acércate a ellos y diles: 'gracias por lo que haces', 'gracias por enseñarme' o 'gracias por su arduo trabajo'". Al final del día, pregúnteles cómo les fue y cómo se sintieron. Relaciónelo con la Gratitud: "cuando nos acostumbramos a decir 'gracias' a las personas en nuestro día a día, les estamos demostrando que nos fijamos en ellas, que lo que hacen importa y que nos importan. Esta pequeña práctica no solo te hace sentir bien, ¡sino que también puede alegrarle el día a alguien!"

JUEVES

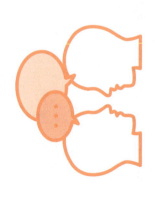

Dígales a sus hijos al menos 3 cosas que aprecia de ellos. Relaciónelo con la Gratitud: "cuando les decimos a nuestros seres queridos lo que apreciamos de ellos, estamos agradecidos y creamos más aprecio, felicidad y amabilidad en nuestro hogar".

VIERNES

Dígales a sus hijos que tienen 3 minutos para decir todas las cosas por las que están agradecidos. ¡Pon un cronómetro en tu teléfono y listo! Recuérdales a tus hijos que piensen en las cosas que generalmente dan por sentado. Relaciónelo con la Gratitud: "cuando expresamos y pensamos regularmente en lo bueno de nuestras vidas y en las cosas por las que estamos agradecidos, nuestra calidad de vida aumenta y nos volvemos más felices porque nos enfocamos en lo que tenemos en lugar de lo que no tenemos."

SÁBADO

Pida a sus hijos que escriban un mensaje de agradecimiento o una nota a alguien en su vida. Puede ser un miembro de la familia, un vecino, un amigo, alguien de la escuela. Pueden escribirlo en una hoja de papel o mediante un mensaje de texto, pero anímelos a que lo hagan personal y sincero. Relaciónelo con la Gratitud: "cuando expresamos nuestra gratitud a quienes están en nuestra vida, les hacemos saber que nos importan y que su presencia tiene un impacto en nuestra vida".

DOMINGO

Pregunte a sus hijos: "¿Qué meta podemos establecer como familia para practicar la gratitud de manera más intencional?"

Revisión y Meta Familiar

Modela mientras enseñas:

- Recuerde que enseñar con el ejemplo es la mejor forma de enseñar. Modele la gratitud a través de sus acciones con sus hijos.
- Enseñe a sus hijos a ser agradecidos recordándoles que sientan aprecio y agradecimiento por lo que somos, por lo que hacemos, por lo que recibimos y por lo que tenemos. Va más allá de decir "gracias", a sentirlo realmente.

Revise: adquiera el hábito de preguntarles "¿Cómo crees que podemos sentir el aprecio por lo bueno en nuestras vidas y reconocer las acciones de otras personas con amabilidad?"

Reflexione: ¿Por qué cree que es importante aprender y enseñar sobre la gratitud?

Meta familiar: como familia, ¿Qué compromiso podemos hacer para vivir la Gratitud de manera más intencional?

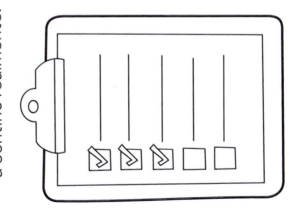

PILAR DE LA SEMANA: PERDÓN

Comprensión: Ser un Buen Modelo a Seguir

El perdón es ser capaz de dejar ir las emociones negativas que alguien o algo nos hizo sentir y encontrar la paz dentro de nosotros mismos para perdonar a los demás. El proceso del perdón lleva tiempo, pero al final nos beneficia, ya que aferrarnos a la ira, el resentimiento y el odio sólo nos causará más dolor. Como seres humanos imperfectos, todos cometemos errores y todos somos capaces de herir a los demás, muchas veces sin querer. Poder perdonar a los demás y pedir perdón son actos de amor y necesarios si queremos nutrir una relación. Un ejemplo de Perdón: eres capaz de pedir perdón cuando has hecho daño a alguien (de forma intencional o no).

Lo opuesto al perdón es el resentimiento. Cuando eres resentido, no puedes perdonar a los que te han hecho daño, no te liberas de las emociones negativas y buscas venganza.

Reflexione sobre un momento durante su crecimiento en el que aplicó este pilar en una situación particular y cómo le hizo sentir.

- ¿Cuándo ha practicado el perdón?
- ¿Cómo puede hacer que sea diferente o igual para sus hijos en casa?

Programa de práctica diaria de la semana

Marque la casilla junto al día de la semana cuando haya terminado

LUNES ☐

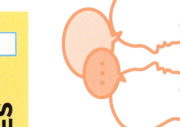

Cuéntele a sus hijos una historia sobre alguna vez cuando tuvo que perdonar a alguien. Si no has podido perdonar a la persona, está bien, compártelo con ellos. Relaciónelo al Perdón: "Todos somos seres humanos imperfectos, y cuando perdonamos a alguien por una falta, nos estamos liberando del peso del dolor, la ira y el sufrimiento".

MARTES ☐

Pregunte a sus hijos: "¿Alguna vez has tenido que perdonar a alguien? ¿O tal vez tuviste que perdonarte a ti mismo? Si es algo que pasó entre ustedes, hable de ello. ¿Cómo se sintió al cargar con la ira, el dolor, la tristeza o el resentimiento? ¿Cómo se sintieron después de perdonar? Relaciónelo con el Perdón: "Todos cometemos errores y el perdón nos ayuda a restaurar las relaciones. También es un regalo para nosotros mismos, porque cuando perdonamos, nos quitamos esa carga y encontramos la paz".

MIÉRCOLES ☐

Pregunte a sus hijos: "¿Cuál creen que es la diferencia entre perdonar y olvidar?" Dígales a sus hijos que perdonar no significa olvidar; esto significa que si alguien nos hizo daño, debemos asegurarnos de que no continúen haciéndonos daño después del perdón. Esto garantizará que no nos quedemos atrapados en círculos viciosos de violencia o abuso en los que seguimos perdonando y olvidando. Relaciónelo con el Perdón: "cuando perdonamos, dejamos ir las emociones negativas que algo o alguien nos hizo sentir, pero recordamos para no dejar que vuelva a suceder".

JUEVES

Pregúntele a sus hijos: "¿Ha habido algún momento en que te enojaste conmigo por algo que dije o hice que fue hiriente pero no dijiste nada en ese momento?" Dígales a sus hijos que todos cometemos errores y que a veces podemos decir o hacer cosas hirientes a las personas que amamos. Quieres poder disculparte con ellas. Cuando compartan, reconozca el daño que sintieron y exprese cuánto lamenta que haya dicho/hecho eso. Pregúnteles "¿Puedes perdonarme?" Recuerde que el modelar es la mejor forma de enseñar, así que adquiera el hábito de disculparse con sus hijos cuando cometa un error, para que aprendan de usted de primera mano. Relaciónelo con el Perdón: "cuando reconocemos nuestros errores y pedimos perdón, estamos asumiendo la responsabilidad, mostrando humildad y que amamos y nos preocupamos por la persona a la que herimos".

VIERNES

Pida a sus hijos que piensen en personas en sus vidas a las que podrían haber herido o lastimado. Tal vez sucedió hace mucho tiempo, tal vez fuiste tú, tal vez un amigo o un familiar. Dígales a sus hijos que se disculpen con esa persona. Si es posible, en persona de cara a cara, pero si no, por teléfono o una disculpa por escrito. Relaciónelo con el Perdón: "cuando reconocemos nuestros errores y pedimos perdón, estamos asumiendo la responsabilidad, mostrando humildad y cuidado por la persona a la que herimos".

SÁBADO

Dígales a sus hijos que perdonar no significa "está bien" que alguien nos lastime, o que les estamos dando un "pase fácil" por habernos lastimado. Este no es el caso en absoluto. Dígales a sus hijos: "El perdón es para USTEDES. Se trata de que TÚ encuentres la paz dentro de ti y dejes ir todos esos sentimientos y emociones negativas". Relaciónelo con el Perdón: "Recuerda, el perdón es un regalo para ti mismo".

DOMINGO

Pregunte a sus hijos: "¿Qué meta podemos establecer como familia para practicar el perdón de manera más intencional?"

Revisión y Meta Familiar

Modela mientras enseñas:

- Recuerde que enseñar con el ejemplo es la mejor forma de enseñar. Modele el perdón a través de sus acciones con sus hijos.
- Enséñeles a sus hijos a perdonar recordándoles que deben dejar de lado las emociones negativas que alguien o algo nos hizo sentir, y encontrando la paz dentro de nosotros mismos para perdonar a los demás. El proceso del perdón lleva tiempo, pero al final nos beneficia, ya que aferrarnos a la ira, el resentimiento y el odio sólo nos causará más dolor.

Revise: adquiera el hábito de preguntarles "¿Cómo crees que podemos nutrir una relación bajo la premisa de que todos cometemos errores y todos somos capaces de lastimar a los demás?"

Reflexione: ¿Por qué cree que es importante aprender y enseñar sobre el perdón?

Meta familiar: como familia, ¿Qué compromiso podemos hacer para vivir el Perdón de manera más intencional?

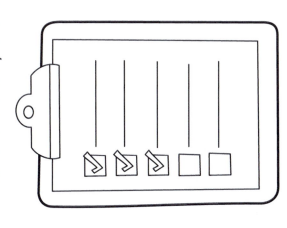

PILAR DE LA SEMANA: ESPERANZA

Comprensión: Ser un Buen Modelo a Seguir

La esperanza es la luz que guía el amor en tiempos difíciles y oscuros. Esperanza significa tener fe en la humanidad y en el objetivo más amplio de crear una sociedad basada en los principios del amor. Significa creer que las cosas mejorarán, que el cambio es posible. La esperanza nunca se pierde en la búsqueda del amor, y es el único pilar que nunca jamás puede caer en nuestro templo. La esperanza siempre es fuerte, mantiene la estructura unida y nos permite reconstruir las demás. Un ejemplo de Esperanza: *perseveras y sabes que las situaciones pueden mejorar.*

Lo opuesto a la esperanza es la desesperanza. Cuando estás desesperanzado, no crees que el cambio es posible, no crees que eres capaz de lograr tus sueños, no tienes una visión optimista de tu futuro y no das ánimo a los demás cuando se sienten deprimidos.

Reflexione sobre un momento durante su crecimiento en el que aplicó este pilar en una situación particular y cómo le hizo sentir.

- ¿Cuándo se ha sentido más esperanzado?
- ¿Cómo puede hacer que sea diferente o igual para sus hijos en casa?

Programa de práctica diaria de la semana

> Marque la casilla junto al día de la semana cuando haya terminado

LUNES ☐

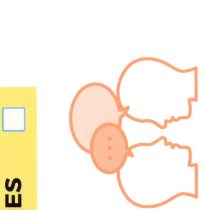

Cuéntele a sus hijos sobre un momento de su vida donde tuvo esperanza. ¿Cuándo fue y cómo la esperanza te ayudó a pasar por esa situación o superarla? Relaciónelo con la Esperanza: "cuando tenemos esperanza, creemos que las cosas y situaciones pueden mejorar, que el cambio es posible y nos da fuerzas para seguir adelante y no rendirnos".

MARTES ☐

Pregúntele a sus hijos: "¿Qué es una meta que tienes para tu vida? ¿Qué es lo que te gustaría lograr en el futuro?" Relaciónelo con la Esperanza: "Es importante visualizar nuestras metas y sueños para que podamos hacer un plan para lograrlos. La esperanza nos ayuda a mantenernos en nuestro camino para lograr nuestras metas, de modo que siempre que haya obstáculos en el camino, podamos superarlos".

MIÉRCOLES ☐

Comparta con sus hijos una meta o sueño que tenga para su futuro y lo que espera para ellos. Es importante que sus hijos sepan que usted también tiene metas y sueños y que cree que ellos son capaces de alcanzar sus sueños. Anímelos a creer que es posible lograr sus metas. Relaciónelo con la Esperanza: "cuando imaginamos un futuro mejor para nosotros, tenemos esperanza".

JUEVES

Comparta con sus hijos la esperanza que tiene para el mundo. ¿Cómo te gustaría que fuera el mundo? Cuando termine de compartir, pida a sus hijos que también compartan, pregúnteles: "¿Qué es una esperanza que tienen para nuestro mundo? ¿Qué le gustaría que cambiara?" Relaciónelo con la Esperanza: "cuando tenemos esperanza, es más probable que hagamos cambios en nuestras vidas que puedan ayudar a mejorar no solo a nuestras familias, sino también a nuestras comunidades y nuestro mundo. Cuando tenemos esperanza, sabemos que las situaciones no tienen porqué ser como son, y vemos la luz al final del túnel. Estamos más dispuestos a involucrarnos y participar para hacer posible el cambio".

VIERNES

Pregunte a sus hijos: "¿Cómo estuvo tu semana? ¿Qué salió bien esta semana? ¿Con qué batallaste esta semana?" Cuando terminen de compartir, dales palabras de esperanza y aliento. Algo como: "Sé que algunos días son duros, y está bien, es parte de la vida. Pero recuerda que mañana es un nuevo día, cada nuevo momento es una oportunidad de cambio y todo es temporal. Entonces tu estrés, frustración o enojo pasarán. Recuerda siempre que hay una luz al final del túnel". Relaciónelo con la Esperanza: "cuando tenemos esperanza, podemos dar esperanza a los demás y se convierte en un círculo virtuoso contagioso en el que nos recordamos que las situaciones cambian y que mañana las cosas pueden mejorar".

SÁBADO

Pida a sus hijos que piensen en lo que necesitan escuchar cuando estén pasando por un momento difícil. ¿Qué tipo de mensajes pueden ayudarnos a levantarnos cuando nos hemos caído? Obtenga al menos una frase / cita de cada miembro de la familia y escríbalas juntas en el mismo papel o en diferentes papeles más pequeños. Péguelas en algún lugar donde todos puedan verlas, como el refrigerador. Relaciónelo con la Esperanza: "cuando nos rodeamos de mensajes esperanzadores, podemos superar los obstáculos y perseverar mejor".

DOMINGO

Pregunte a sus hijos: "¿Qué meta podemos establecer como familia para practicar la esperanza de manera más intencional?"

62

Revisión y Meta Familiar

Modela mientras enseñas:

- Recuerde que enseñar con el ejemplo es la mejor forma de enseñar. Modele la esperanza a través de sus acciones con sus hijos.
- Enseñe a sus hijos a tener esperanza recordándoles que crean que las cosas y situaciones mejorarán, que el cambio es posible. La esperanza nunca se pierde en la búsqueda del amor, y es el único pilar que nunca jamás puede caer en nuestro templo porque es la luz que guía el amor en tiempos difíciles y oscuros.

Revise: Adquiera el hábito de preguntarles "¿Cómo crees que la esperanza puede ser la luz que guía el amor en tiempos difíciles y oscuros?"

Reflexione: ¿Por qué cree que es importante aprender y enseñar sobre la esperanza?

Meta familiar: como familia, ¿Qué compromiso podemos hacer para vivir la Esperanza de manera más intencional?

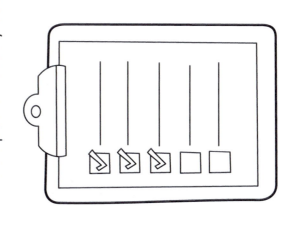

TRAE LOVESCAPING A TU COMUNIDAD

¡ESCANEA EL CÓDIGO QR PARA APRENDER MÁS!

Instagram:
@LOVESCAPING

Correo:
CONTACT@LOVESCAPING.ORG